AF200216

Andrea Henkelmann

Transvaal

Eine Geschichte über Greta Schoon und ihr
bekanntes Martinilied "Mien lüttje Lateern"

Impressum

Transvaal

Eine Geschichte über Greta Schoon und ihr

bekanntes Martinilied „Mien lüttje Lateern"

von Andrea Henkelmann

ISBN: 9783750498082

Hrsg.:   Hans-Jürgen Sträter

Druck: BoD Norderstedt

Ausgabe vom   15.10.2020

Bildnachweis: Coverfoto: pixabay

                Seite 5: Hinrich Trauernicht

                Seite 10 + 39: Andrea Henkelmann

                Seite 35: Ostfriesische Landschaft

                Bildarchiv

Herstellung und Verlag: BoD - Books on Demand, Norderstedt

Zum Geleit

Kumpelment! Andrea Henkelmann hett sück in de Minske van Greta Schoon versett, ok wenn se hör noit seihn hett. Ik hebb Greta noch kennenlehrt, se is dat een of anner Mal up Spetz west un hett un us, as uns Möhlen 100 Johr olt wur, moije Saaken vertellt. Dat de Straaten to breit sünd un nüms an de Radfohrers docht hett – dat hebb ich noch behollen.

Andrea hett sück mit vööl Empathie in de Rullen van Minsken na de tweede Krieg in de arme Kuntrai „Emden-Transvaal" versett, jüst in de Kinner, as de lüttje Hannes. So was Greta. Alltied bi de, de dat slecht gung. Wi up Spetz hebben de Grundschool hör Nom geven: „Greta-Schoon-Grundschule".

Well was Greta Schoon? Se is 1909 up Spetz geboren, overleden 1991 in Leer. Up Spetzer Karkhoff in Unnerenn hett se hör ledsde Ruh funnen. Up hör Graft steiht en Gedenktafel. As Lyrikerin is se mit hör modeern Gedichten up Plattdüütsk, man ok mit hör Kinnerleder, wied över Oostfreesland weg bekannt worden. Se is in Spetz upwursen, weer up de Hogere Wichterschool in Auerk un hett in Bremen en sozialpädagogisken Utbilden maakt. Van 1934 bit 1936 hett se in Brasilien as Kinnergärtnerin arbeidt, so ok in Leer un Emden. De Arbeid in das Emder Arbeidervörrdel hett hör to de eerste Kinnergedichten un –leder anregt. Dat Tosamentreffen mit

6

Peter Zylmann und Wilhelmine Siefkes gaff höf Mood, in hör nederdüütske Moderspraak to dichten. 1977 hett se hör eersde Gedichtband herutgeven.

Wenn hier up Spetz Martinisingen is – de Grundschool maakt denn ok en Lüchterabend of en Umzug – denn word van all Kinner alltied „Mien lüttje Lateern" sungen.

Hinrich Trauernicht

Ortsbörgmester van Spetz

Inhalt

Vorwort

An kaum ein anderes Fest habe ich so lebendige Kindheitserinnerungen wie an „Martini".

Gemeinsam mit den Nachbarskindern gingen wir an diesem Tag Anfang November in der Dämmerung mit unseren Laternen von Haus zu Haus und sangen Lieder wie „Martinus Luther war ein Christ" oder „Zu Eisleben ward uns geboren ein Mann" - dafür gab es dann haufenweise Süßigkeiten, Pfeffernüsse und Mandarinen.

An jedem Haus wurden wir freundlich empfangen. Ja, man könnte sogar sagen: Wir wurden sehnsüchtig erwartet. Vor allem von älteren Menschen und solchen, die sehr abgelegen und einsam wohnten.

Später dann, im Jugendalter, verkleideten wir uns an diesem Abend und taten es den Erwachsenen nach. Denn auch die machten sich - mitunter zu später

11

Stunde – noch mit „Skebellenskoppen" auf den Weg, um Nachbarn und Freunde zu besuchen und einen geselligen Abend zu erleben.

Das Lied „Mien lüttje Lateern" von Greta Schoon kam eigentlich erst durch unsere eigenen Kinder in mein Leben.

„Mien lüttje Lateern, ik hebb di so geern. Du danzt dör de Straaten, du kannst dat nich laaten...." Ein einfacher, plattdeutscher Text verbunden mit einer eingängigen Melodie. Gerade deshalb vermutlich war und ist dieses fröhliche Kinderlied sehr beliebt. So beliebt, dass es in Kindergärten, Schulen und auch Zuhause in der Herbstzeit ein echter „Dauerbrenner" ist – quasi Platz 1 auf der ostfriesischen Martini-Hitliste.

Keine Frage – Greta Schoon wusste, was Kinder mögen.

Aber wie ist dieses Lied entstanden? Darüber habe ich mir in meiner Geschichte „Transvaal" Gedanken gemacht. Dass Greta Schoon das Stück Anfang der 1950er Jahre während ihrer Zeit als Kindergärtnerin in diesem Emder Arbeiterviertel schrieb, ist bekannt. Auch über das Leben im Nachkriegsdeutschland kann man einiges erfahren. Aber wie genau sich damals alles zugetragen hat – darüber kann man nur spekulieren. Deshalb ist meine Geschichte auch frei erfunden.

Vielleicht war es so, wie ich es in meiner Geschichte beschreibe. Vielleicht entstand das Lied über die „kleine Laterne" aber auch ganz anders. Das dürfen Sie, liebe Leserinnen und Leser, gerne selbst entscheiden.

Ich wünsche Ihnen viel Freude mit diesem kleinen Buch und hoffe, dass „Martini" noch sehr lange nicht nur eine ostfriesische Besonderheit, sondern auch eine ostfriesische Selbstverständlichkeit bleibt. Und den kleinen Martini-Sängern von heute wünsche ich, dass ihnen ebenso freundlich die Türen geöffnet werden wie mir als Kind.

Schenken wir ihnen Erinnerungen, die niemals verblassen werden!

Ihre Andrea Henkelmann

Transvaal

Rumms. Greta knallde de dicke, sware Döör achter
sük dicht.

Harr se dat recht verstahn? Sull dat wahr wesen?

Se kunn nich glöven, wat disse Kerl achter sien
Schrievdisch nettekraat an hör seggt harr: „Frollein
Schoon, de Rötten up Transvaal sünd nu nich van
Belang. Kamen Se vör´d Haarst nochmaal weer.
Wiedersehn!"

Ja, mit´n Froo kunnen se so proten, doch Greta. Mit
düll Kopp mook se sük weer up de Weg – allennig
mit all de Fragen, Sörgen un Gedanken. Siet dree
Maant harr se nu de Stee in´d Kinnergaarn. Un de
Tostannen weren naar!

„Baracken", so nöömden de Lüü de Husen in disse
Emder Stadtdeel, waar all de Arbeiders mit hör
Familien wohnden. Baracken.

Greta much dat minnachtige Woord nich. „Daar leven nettso Minsken as annerswaar", see se alltied.

Frolüü, de sük um de groot Huushollen kümmern deen, um dat de Mannlüü up See weren. Jung Wichter, de sük lichtsinnig up frömd Fahrenslüü inlaten harren un nu wat Lüttjes unner´t Hart drogen – verlaaten mit dat Malör. Kerls, de lever in de Weertskupp gungen as na Huus un denn mit duun Kopp um sük tohauen deen.

Un nu noch disse akelig Rötten. Överall! Uplest ok bi´d Kinnergaarn. Gretas Maag dreihde sük, wenn se bloot daaran doch. De Kinner daartegen harren hör Freid an disse Plaag mit dat dichte, swarte Fell. Se moken sük en Spaß daarut, wenn weer een an´t Fenster vörbikrabbeln dee. Denn gierden se all heel luut un fegden utnanner dör´t heele Huus.

Disse Deren överdrogen Krankheiden. Un Krankheiden harren se up Transvaal wiss genug. De Rötten mussen weg. Dat veerde Maal weer se nu mit hör Rad na´d Stadt fohren. Umsünst. Of se kien anner Sörgen harr, harren se hör fraagt. Greta argerde sük över so vööl Hoogmood. „Över lüttje Lüü word licht wegkeken", harr hör Opa faak seggt. Daar weer wat mit an, doch se.

De groot Krieg weer nu all bold teihn Johr vörbi. Emden harr van den Bomben in September veerunveertig würrelk genug hatt. Vööl weer daar nich bi överbleven. Van all de Lüü, de daarbi umkaamen weren, gaar nich to proten. De Stadt weer kött. De Haven, de Husen. Ja, sogaar dat mooie Raadhuus weer bit up de Grund verneelt worden.

Dat Elend, dat de Krieg mit sük brocht harr, weer noch in den Koppen. Moders harren hör Jungs verloren, Kinner hör Vaders.

17

So vööl Minsken weren grausaam to Dood kamen. Nix weer mehr so as dat maal west weer. Noch immer keemen Suldaten ut Gefangenschaft torügg – mit Wunnen an Liev un Seel. Greta harr hör Vader in de eerste Weltkrieg verloren. Damaals, as Kind, harr se de Overtügen, dat de Minsken seker nich en tweede Maal de sülvige Fehler maken würren. Un denn weer´t doch weer all anners kaman.

De Politkers in Düütskland prootden van dat „Wirtschaftwunder", man se vergatten de Lüü, ohn de dat ganze nich mögelk weer: de Arbeiders, de elke Dag knojen mussen – in de Fabriken, in´d Haven un up de Helgens. Disse Minsken keemen daar man schofel bilangs und wurren – na Gretas Dünken – nich acht.

„Much woll weten, wo´t weer, wenn se de Rötten hier um sük to harren", doch se un settde sük up hör Rad.

Dat Vörjahr weer all to spören an disse Dag Anfang Määrt, man de Sünn harr´t noch drock Wark, en Weg döör de Wulken to finnen. Up´t Fehn, waar Greta upwussen weer, harr se in Sömmerdag geern an Deeps Kant seten un de Wulken as Spegel in de blanke Kanaal ansehn. An Deeps Kant – dat weer hör leevste Platz west. Se much dat Water un de Törfmuttjes, de vörbifohren deen. Of un to weer Unkel Hinni mit sien Handörgel vörbikomen un denn harren se mitnanner sungen.

„Wenn du eenmaal Sörgen hest", see he alltied, „denn sing en Leed."

Sörgen. Ja, Greta harr in hör Leven all vööl Sörgen hatt. Un nu weer se up Transvaal, waar de annern Sörgen harren. Besünners de Kinner harr se in hör Haart sloten. För de Lüttjen weer se sowat as een Blinkfüer. En Minske, de elk un een marken leet:

„Ik bün för di daar. Du büst wat besünners un du kannst wat schaffen, wenn du wullt." Se gaff de Lüü all een good Word.

Greta schoov hör Rad dat letste Enn na´d Kinnergaarn. De Weg weer so steenig, dat hör dat stuur wurr, daar up to fohren. Dat neje Rad, dat se sük van dat eerste Geld up Transvaal köfft harr. Stolt weer se up dat Stück Freeheid. Se much dat Geföhl, de Wind in´d Haar un up de Huud to spören. In de Pedalen to treden un sülvst de Richtung to bestimmen. Dat Geföhl, in hör egen Schoh to stahn.

Se lehnde dat Rad an de Müür van dat Huus mit de Nummer dartein. Hier weer de Kinnergaarn in unnerbrocht. Dör dat open Fenster höörde se dat ut de Köken klötern.

„Daar büst du ja. Ik hebb all up di wacht."

Mine, hör Kollegin, keem up hör daal un stellde en Emmer Feidelwater up de Grund. „Un? Wat hebben se seggt?" froog se neesgierig. „Se hebben seggt, dat Rötten doch mooie Deren sünd", antwoorde Greta spitz un settde sük hen.

„Mooie Deren?" Mine keek hör fragend an.

„Ik bün so düll – ik kann di gaar nich seggen, wo düll ik bün! Proteree! Vööl Proteree! Anners nix!", schull se sük in Brass. Se stunn up, stellde sük an´t Fenster un keek na buten. „Ik laat mi doch nich bang maken!"

Mine wull all de heele Tied wat seggen un wachde up de rechte Ogenblick. Se kennde Greta noch nich lang, man se harr all faststellt, de de neje Kollegin egensinnig wesen kunn, wenn se sük wat in de Kopp sett harr. Stillkens bewunnerde se hör för de Kuraag. Nich vööl Frolüü harren de Mood, tegen Ungerech-

21

tigkeiden antogahn. Se weer en Vörbild för Mine - un för all de annern ok.

„Greta", fung se vörsichtig an. „Feuke Hinrichs, de Moder van uns lüttje Hannes, is vergangen Nacht stürben. Twee Daag na de Geburt van dat lüttjeste Wicht – de Vader weer nett hier."

Greta keek Mine deep in de Ogen.

„De lüttje Hannes", see se sacht – mit hör Gedanken heel annerswaar.

Se kennde dat. Dat Geföhl, en Minske to verlesen. En Minske, de alltied daar west weer, weer van en Dag up de anner nich mehr daar. Dat Geföhl, dat de Welt um di to swart word un du nich mehr wiederleven wullt – wiel disse een Minske ok nich mehr leevt. Un dat Geföhl, dat en dicken Steen in dien Liev sitt, de di tiedlevens geleiden würr. En

Steen, de mit de Tied lichter word, man de nooit wieken würr.

„Dat is slimm", see Greta un dreihde Mine de Rügg to. Se sull de Tranen nich sehn, de langsaam in hör Ogen kropen. Nee, se weer wiss nich sentimentaal, man vandaag weer hör dat all to vööl.

„Laat uns mörgen daaröver proten. De Dag weer lang – ik bün mööi."

Weken un Maanten vergungen. Mine un Greta kümmerden sük elke Dag mit vööl Leevde un Geduld um all de Kinner. Se kunnen dat bloot, umdat se nich över all de malle Tostannen nadenken deen.

Ok Hannes keem elke Dag. Mitunner satt he bi Greta up de Schoot. En gesett Ofloop, dat weer wichtig. De Kinner harren all so vööl Unsekerheiden

23

in hör Leven. Tominnst de Kinnergaarn sull so wesen, dat daar Verlaat up weer.

Ok up de Rötten weer Verlaat. Se weren immer noch daar. „Up de kunn ik good verzichten", doch Greta. Hör gung dat kold över´t Leven, wenn se een van disse Deren sach. Besünners nu, waar de dunkel Tied komen dee. Mörgens, wenn se mit hör Rad ankeem, weer dat noch düster. Un namidaggs, wenn se all weer na Huus gungen, ok. Egentlich much se de Haarst. Denn harr se Tied, natodenken. Hör Gedanken in dat lüttje Book uptoschrieven – Gedichten, Riemsels un lüttje Vertellsels. En Bekannte harr seggt, se harr daar Talent to.

„Mine, ik fohr vannamiddag nochmaal in´d Stadt. Ik geev dat nich to.

De Mannlüü up´t Amt sallen nich denken, dat se Ruh kriegen van mi. Wenn se nich bold wat tegen de

24

Rötten doon, holl ik mi Mester Janssen un Pastoor Harms to Hülp. Mit twee Mannlüü in´d Rügg mutten se mi woll tohöören."

Se namm hör Mantel und gung buten Döör. Düchtig kold weer dat worden de leste Dagen. De Oostwind puustde so in hör Gesicht, dat sük dat anföhlde, as würren dusend Nadels in hör Huud steken. Güstern harren se in´d Kinnergaarn dat eerste Maal en Sünnermartenleed sungen.

Sünnermarten – för de Kinner up Transvaal en Grund sük to freien. Se luurden all mitnanner up disse besünner Dag Anfang November.

Greta doch an hör Kinnertied up´t Fehn. Wat weren se hibbelig, wenn disse Obend keem. Mit Kippkappkögels van Huus na Huus de heele Nacht. Se weren so lang unnerwegens west, dat se daar gaar nich achterkomen sünd, wo wiet se all lopen weren.

Appels, Pepernöten und ok maal en Appelsien kregen se van de Lüü, wenn se en mooi Lutherleed sungen harren. Greta muss smüstern, as se up hör Rad satt un daaran torüggdenken dee.

Disse een Straat noch un denn weer se daar. Se namm hör Taske van´t Rad, truk de Handsken ut un keek an dat groot Huus hoog. Eenmaal wull se dat noch versöken. Eenmaal noch hör Arger Luft maken. Eenmaal noch de Lüü hier verklaren, datt dat so nich wiedergung.

Un wahrhaftig! Dittmaal harr se en good Geföhl! Viellicht harren se´t nu doch verstahn, doch Greta.

„Wi komen anner Maandag na Transvaal un kieken uns dat an", harr de Mann an hör seggt. Se weer tofree. Stolt mook sük in hör Haart breed.

Up de Torüggweg weihde de Wind van achtern. Greta keem dat vör as kunn se flegen – en Meeuw in

26

´d Störm. So flink weer se noch nooit up Transvaal ankomen!

Transvaal. Intüsken weer disse Oord mehr worden as bloot de Stee, waar se arbeiden dee. Bi all de Nood um sük to harren de Minsken hier nich vergeten, upnanner uptopassen, upnanner to kieken. Bi all de Nood spörde se hier vööl Leevde.

Minsken, de glieks bi de Hand weren, wenn Hülp nödig weer – ohn, dat se daar vööl Gedrüüs um moken. Ja, se kunn sük sogaar vörstellen, up Transvaal to blieven.

In Halfdüstern dreihde Greta of in de lüttje Weg achter´d Kark. Bi dat Eckhuus, waar se hör Kamer harr, hull se an. Mööi un in Gedanken söchde se de Slötels in hör Manteltaske, as se mit eenmaal achter sük en lüttjen Hand up de Rügg föhlde.

„Tant Greta?", höörde se en Kinnerstimm un dreihde sük um.

„Hannes! Wat maakst du hier?", froog se mit Verwunnern.

„Tant Greta, ik hebb Angst", fung de lüttje Jung mit sien hellblond, strubbelig Haar an to proten. „Nu is dat all düster un uns Vader is noch nich van´d Arbeid torügg. He muss vandaag mit up See. Wat is, wenn hum wat tostöten is?"

Greta kunn hum good verstahn. He weer man nett sess Johr old un harr doch all sien leev Moder verloren.

„Koom mit mi", see se ohn lang to överleggen. Hannes gung achter hör an, de Trappen bit boven hen in de lüttje Kamer. Mit sien Hand wiskde he sük en Traan van de Wangen un keek um sük to. Sien Ogen bleven an dat bunte Schienfatt hangen, dat up de runde Disch stunn. En Schienfatt, dat Hannes anners noch nargens sehn harr. En Schienfatt mit Glas ut verscheden Farven – rood, geel, grӧӧn un blau.

Mit´n Rietstick mook Greta dat Lucht an, dat sük denn langsaam dӧr de Stuuv utbreede. De Jung settde sük andaal up de holten Stohl un gung mit sien Gesicht heel dichtbi an dat waarm Lucht.

„Sowat moois hebb ik noch nooit sehn, Tant Greta." Sien Stimm weer haast nich to hӧӧren.

Se settde sük bi hum hen un namm sien Hand. „Tudo bem." Hannes keek up.

„Tudo bem – dat heet: Allns word good. So proten de Minsken in Brasilien", verklaarde Greta.

„Waar is Brasilien?" Hannes´ Ogen wurren immer groter.

„Brasilien is up dat anner Enn van de Welt. Heel wiet weg. Ik hebb en tiedlang daar wohnt un mi um de Kinner kümmert", antwoorde se un namm en Foto van de Wand. Up dat Foto weer Greta. Tosamen mit twee anner Frolüü un en Rummel Kinner, de heel un daal anners leten as de Kinner up Transvaal.

„En besünnern Land, besünner Minsken. Ik denk mennigmaal an disse Tied torügg."

Hannes wuss nich, wat he seggen sull – so harr he sien Tant Greta noch nich kennenlehrt.

„Man ik bün mitunner ok trurig west", prootde se wieder. „Ik wull weer na Huus, harr Heimweh. Sehnsucht - Sehnsucht na de Minsken, de ik leev harr."

De lüttje Kerl nickkoppde so, as wenn he genau wuss, wat Greta meende.

„Weetst du, Hannes, du brukst nich bang wesen. Wenn ik maal trurig of bang bün, denn maak ik een Lucht an. Un denn weet ik, dat allns weer good word, dat ik mi nich sörgen mutt. Tudo bem – glöv mi dat."

Se stunn up un gaff hum dat Schienfatt vörsichtig in de Hannen.

„Un nu nimmst du disse Lateern un geihst weer na Huus. Ik bün mi seker, dat dien Vader all lang weer daar is un di söcht."

De Jung stunn still in een Stück. Sien Ogen vertellden, wat sien Mund seggen wull. Denn gung he langsaam un andächtig de Trappen andaal, winkde buten noch eenmaal un truk los.

Greta stunn en heel Sett an´t Fenster un keek hum achterna, bit se dat Schienfatt nich mehr sehn kunn.

„Wat is dat doch fein, wenn du en Lucht anmaken kannst", doch se naast.

„En lüttje Lateern, de di de Weg dör de Nacht wiesen kann."

Mien lüttje Lateern

(Greta Schoon)

Mien lüttje Lateern,
ik hebb di so geern.
Du danzt dör de Straten,
du kannst dat neet laten,
ik mutt mit di lopen,
mutt singen un ropen:
Mien lüttje Lateern,
ik hebb di so geern.
Mien lüttje Lateern,
ik hebb di so geern.

Du, Wind, laat dat Susen
Kruup achter de Husen,
kruup achter de Dieken,
vandaag musst du wieken.
Mien lüttje Lateern,
ik hebb di so geern.
Mien lüttje Lateern,
ik hebb di so geern.

33

Mien lüttje Lateern,
du gleihst as en Stern
dor tinkelt kien Mantje,
dor kreiht uns kien Hantje,
danz wieder danz wieder
ick sing immer blieder
Mien lüttje Lateern,
ik hebb di so geern.

Martinisingen ist ein evangelischer Brauch, der vor allem in den lutherisch geprägten Gebieten Ostfrieslands und Nordwestdeutschlands am Geburtstag von Martin Luther, dem 10. November, gepflegt wird. Es ist auch unter den Namen Martini und unter den plattdeutschen Namen Sünte- oder Sünnermarten bekannt. Beim Martinisingen wird am 10. November mit Laternen von Haus zu Haus gezogen und gesungen. Kinder bekommen dafür Süßigkeiten.

Über Greta Schoon

Die weit über Ostfrieslands Grenzen hinaus bekann-
te niederdeutsche Dichterin hat durch ihre Lyrik
gezeigt, dass auch im Dialekt die Themen der
modernen Zeit behandelt werden können. Für ihre
Werke wurden ihr mehrere Preise verliehen.

Greta Schoon wurde am 11. Juli 1909 in Spetzerfehn
geboren. Sie ging dort in die Volksschule und ab

1919 in die Höhere Töchterschule in Aurich. Von 1928 bis 1931 besuchte sie in Bremen eine Frauenschule – hier wurde sie zur Kindergärtnerin ausgebildet. Als Mitglied einer Schwesternschaft war sie von 1934 bis 1936 in Brasilien. Zurück in Deutschland wurde sie nach Wittenberg versetzt. Hier trennte sie sich von der Schwesternschaft und arbeitete bis 1945 erst in Wiesmoor und dann in Wittmund. Nach Kriegsende arbeitete sie bis 1950 im elterlichen Betrieb, von 1950 bis 1954 war sie als Kindergartenleiterin in Edewechterdamm und Hesel tätig, danach im Arbeiterviertel Transvaal in Emden. Hier entstand ihr wohl bekanntestes Werk, das Martinilied „Mien lüttje Lateern". Ab 1959 arbeitete sie in Leer. Dort starb sie am 7. März 1991.

Folgende Preise wurden Greta Schoon verliehen:

1979 Künstlerstipendium für Literatur des Landes Niedersachsen

1980 Freudenthal-Preis [Freudenthal-Gesellschaft]
1981 Klaus-Groth-Preis [Stiftung F.V.S. Hamburg]
1984 Roswitha-Preis / Roswitha-Medaille

1990 Ubbo-Emmius-Medaille [Ostfriesische Landschaft]

Zur Autorin

Andrea Henkelmann, Jahrgang 1972, lebt mit ihrem Mann und den zwei Kindern in Mittegroßefehn. Nach dem Abitur am Gymnasium Ulricianum schließt sie eine Ausbildung zur Hotelfachfrau ab und arbeitet mehrere Jahre in diesem Beruf.

Erst mit Mitte 40 entdeckt sie ihre Liebe für das Schreiben von hoch- oder plattdeutschen Texten und orientiert sich beruflich noch einmal neu.

Seit 2018 ist sie als freie Mitarbeiterin für den Lokalteil der Ostfriesischen Nachrichten tätig und berichtet hier über kulturelle, gesellschaftliche oder auch politische Themen.

Aktuell schreibt sie an einem historischen Theaterstück über die Entstehung des ersten ostfriesischen Rettungshauses in Großefehn.

Hans-Jürgen Sträter

Großefehner
Glaubensfeuer

Kleine Kirchengeschichten aus dem Herzen Ostfrieslands

1710 gründete der 10-jährige Nikolaus Graf von Zinzendorf einen „Senfkornorden". 68 Jahre später fing in Timmel der 10-jährige Jonas Eilers an zu predigen. 10 Jahre danach gründete sein Pastor, Heinrich Rudolf Taute, die „Missionssocietät zum Senfkorn". Mit 8 Jahren verfasste Johann Heinrich Leiner ein christliches Liederbuch. Später legte er u.a. die Grundsteine für die Kirche in Mittegroße-fehn, ein Armenhaus und das Rettungshaus (später „Leinerstift"). Auch Pastor Remmer Janssen aus Strackholt hatte ein großes Herz für Kinder und Jugendliche; er nahm über 30 Waisenkinder auf. Seine Predigten waren so „feurig", dass Menschen von weither zuströmten und die Kirche mehrmals erweitert werden musste. Auch die Gründung der „Freien Christlichen Schule Ostfrieslands" in Veen-husen ist eine späte Frucht seines Wirkens.

Unser Buch „Großefehner Glaubensfeuer – Kleine Kirchengeschichten aus dem Herzen Ostfrieslands" berichtet nicht nur über diese und weitere Ereignisse christlichen Lebens in Ostfriesland, sondern zeigt auch bisher unbekannte Zusammenhänge auf.

ISBN: 9783735760128   60 Seiten, € 5,00

Matthias Hilbert

Ostfrieslands

leidenschaftliche Pastoren

Sieben Pastorenporträts

ISBN: 9783750427747   128 Seiten, € 9,90

Kirchengeschichte ist immer auch Biographienge-
schichte, weil es Geschichte ohne Lebensgeschich-
ten von Menschen nicht gibt.

Ich bin dankbar dafür, dass Matthias Hilbert mit
diesen hier beschriebenen Porträts das Andenken an
sieben Pastoren wachhält und mit Wilhelmine
Siefkes an eine Frau erinnert, die sich für ihren
Glauben öffentlich eingesetzt hat, noch bevor Frauen
Pastorinnen werden konnten.

Es steht den Kirchengemeinden gut an, sich dank-
bar an diejenigen zu erinnern, die jeweils in ihrer
Zeit und in den gesellschaftlichen Umständen als
Pastoren gewirkt haben, in erster Linie als Verkün-
diger des Evangeliums, aber auch als Zeitgenossen,
Impulsgeber, Kultur- und Bildungsträger. Sie waren
eine prägende Kraft, deren Wirkung in manchen
Gemeinden bis heute positiv zu spüren ist.

Mit seiner Auswahl der Personen bedenkt Matthias
Hilbert die Vielfalt evangelischer Konfessionen in
Ostfriesland. Indem er sich Baptisten, Methodisten
und Mennoniten im Umfeld von evangelisch-refor-
mierten und evangelisch-lutherischen Gemeinden im
19. und 20. Jahrhundert zuwendet, wird auf an-
schauliche Weise deutlich, wie spannungsreich das
Verhältnis oft war.

Wir können dankbar sein, wie selbstverständlich das gute Miteinander in der Arbeitsgemeinschaft Christlicher Kirchen (ACK) in Ostfriesland im gemeinsamen Bekenntnis zu Jesus Christus heute ist.

Die hier beschriebenen Lebensbilder zeigen dabei auch, dass christlich-gläubiges Engagement auch eine politische Dimension hat. Dies wird insbesondere in den Biographien deutlich, die in die Zeit des Nationalsozialismus hineinreichen.

Ich wünsche dem interessant geschriebenen Buch eine große Leserschaft, denn der eigene Glaube wird immer auch mitgeprägt von Menschen, die vor uns gelebt und gewirkt haben. Heute sind wir es, die als Gottes Zeugen in dieser Zeit unseren Glauben gestalten und auf vielfältige Weise in den unterschiedlichen christlichen Kirchen und Gemeinschaften in unserer schönen Region weitergeben dürfen. Dazu ermutigt dieses Buch in besonderer Weise.

Dr. Detlef Klahr
Regionalbischof
Sprengel Ostfriesland-Ems